El Nacimiento Global

The Global Nativity

Escrito e ilustrado por / Written and illustrated by

Tere Marichal-Lugo

A la memoria de Sadako Sasaki
In memory of Sadako Sasaki

Tere Marichal-Lugo
es escritora, ilustradora, titiritera y contadora de cuentos. El
nacimiento global forma parte de una colección de libros que
fomentan la creatividad y el deseo de conocer sobre otras culturas del
mundo.
maria.marichal@gmail.com

Otros títulos:
La Granja Global
El Nacimiento boricua
María Chucena techaba su choza
¡Hagamos títeres!

Tere Marichal-Lugo
is a writer, illustrator, puppeteer and storyteller. The Global Nativity is
part of a collection of books that encourage creativity and the desire
to know other cultures.
maria.marichal@gmail.com

Other titles:
The Global Farm
The Boricua Nativity
Let's make puppets

Origen del Pesebre o Nacimiento

Se cree que el pesebre o nacimiento llegó al Nuevo Mundo durante la época de la conquista, colonización y evangelización.

En el siglo XIII, San Francisco de Asís tuvo la iniciativa de recrear el nacimiento de Jesús con la ayuda de campesinos del pueblo donde predicaba.

Este acto tan hermoso se propagó por toda Italia, luego por España y el resto de la Europa católica y más tarde a todo el mundo que celebraba el nacimiento de Jesús.

The origin of the Manger or Nativity

It is believed that the Manger or Nativity arrived to the New World during the era of conquest, colonization and evangelization.

In the thirteenth century, St. Francis of Assisi took the initiative to recreate the birth of Jesus with the help of peasants from the village where he preached.

This beautiful act spread through Italy, then Spain and the rest of Catholic Europe and later around the world that celebrates the birth of Jesus.

El Día de la Paz

El "Día de la Paz" se conmemora el 21 de septiembre y es una celebración mundial muy importante porque ofrece una oportunidad para que individuos, organizaciones y naciones lleven a cabo actividades sobre la paz.

Esta celebración fue establecida por una resolución de las Naciones Unidas en 1981 coincidiendo con la apertura de la Asamblea General.

Peace Day

The "Peace Day" is celebrated around the world each September 21. It is a day in which individuals, organization and nations gather and promote activities related to peace and its meaning.

In 1981,the United Nations anounced the creation of its General Assemby and the resolution for an International Pace Day.

El símbolo de la paz fue diseñado por Gerald Holtom y en realidad es el logo de CND Campaign for Nuclear Disarmament.

Fue utilizado por primera vez por los ingleses en 1958, durante una manifestación contra las bombas atómicas, realizada en Londres, Gran Bretaña.

It was designed by Gerald Holtom and is the logo of CND Campaign for Nuclear Disarmament.

It was first used by the British in 1958 during a demonstration against nuclear bombs, in London, UK.

La paloma ha sido históricamente considerada como un Símbolo de Paz y entendimiento entre las personas. En el siglo XX, tras las guerras que sufrió el mundo, se difundió el dibujo de la paloma blanca como Símbolo Universal de la Paz.

The dove has historically been considered a symbol of peace and understanding between people. In the twentieth century, after two world conflicts, the drawing of a white dove spread through the world as an universal symbol of Peace.

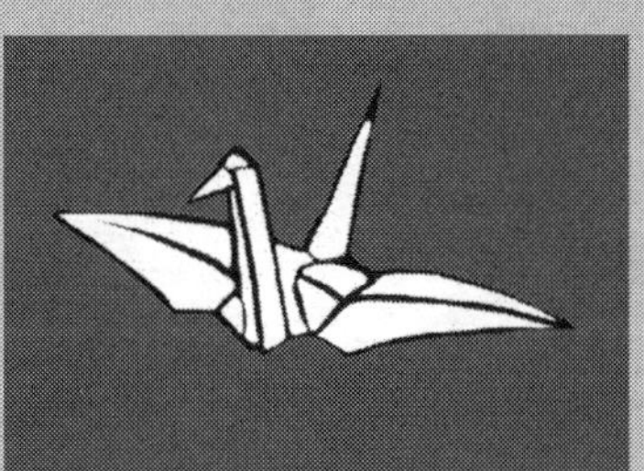

Para los japoneses, la grulla es el símbolo de la paz, como para nosotros lo es la paloma blanca. Para los japoneses la grulla, además de paz, significa salud.

For the Japanese, the crane is the symbol of peace, as for us it is the white dove. For the Japanese, the peace crane also means health.

¿Cómo se dice paz en...?

Afrikaans VREDE
Albanian PAQE
Algonquin WAKIIJIWEBISI
Arabic SALAM
Armenian ASHKHARH
Aymara HACANA
Basque (Euskara) PAKEA
Bengali SHANTI
Bhojpuri SHANTI
Blackfoot INNAIHTSIIYA
Bosnian MIR
Bulgarian MIR
Burmese NYEIN CHAN YAY
Cantonese PENG ON
Catalan PAU
Cherokee DOHIYI
Cheyenne NANOMONSETOTSE
Creole (Guadeloupe) PE
Creole (Jamaica) SATTA
Czech MIR
Danish FRED
Dutch VREDE
Efik EMEM
Egyptian HETEP
Ekari MUKA MUKA
English PEACE
Eskimo ERKIGSNEK
Esperanto PACO
Estonian RAHU
Farsi (Persian) SOLH
Fijian VAKACEGU
Finnish RAUHA
Flemish VREDE
French PAIX
Gaelic-Irish SIOCHAIN
Gaelic-Scottish SITH
Galician PAZ
Garifuna DARANGILAU
German FRIEDEN
German FRIEDEN
Greenlandic EQQISAQATIGIINEQ
Guarani PYGUAPY
http://www.youtube.com/
watch?v=7GQ4X6n50pc

How do yo say peace in...?

Gujarati SHANTI
Hawaiian MALUHIA
Hebrew SHALOM
Hindi SHANTI
Hopi SHI-NU-MU
Hungarian BEKE
Icelandic FRIDUR
Indonesian DAMAI
Inuit TUTKIUM
Italian PACE
Japanese HEIWA
Javanese TENTRAM
Kirundi AMAHORO
Kongo KIKOENDI
Korean PYOUNG-HWA
Latin PAX
Mandarin AN-PING
Navaho KE
Norwegian FRED
Polish POKOJ
Portuguese PAZ
Quenya SERE
Romanian PACE
Ruanda NIMUHORE
Rundi AMAHORO
Russian MIR
Saa DAILAMA
Samoan FILEMU
Sanskrit SHANTIH
Serbian MIR
Sindhi SANTI
Sioux WOOKEYEH
Slovak MIER
Slovenian MIR
Somali NABAD
Spanish PAZ
Swedish FRED
Tagalog (Filipino) KAPAYAPAAN
Taino AMIKEKIA
Vietnamese HOA BINH
Yiddish SHULAM
Yoruba ALAAFIA

http://www.youtube.com/
watch?v=gQRtIk_qDzM

Sadako Sasaki

(7 de enero de 1943 – 25 de octubre de 1955)
Sadako Sasaki era una niña muy alegre y llena de energía que vivía en Hiroshima, Japón. El 6 de agosto de 1945, cuando Sadako tenía dos años, Estados Unidos lanzó una bomba atómica sobre la población civil de esta ciudad, como parte de la Segunda Guerra Mundial. Aunque Sadako logró sobrevivir, nueve años después enfermó gravemente. Los doctores descubrieron que tenía leucemia, una enfermedad muy grave que muchos habían desarrollado a causa de la radiación de la bomba atómica. Un día su mejor amiga la fue a visitar al hospital con una gran idea. Se llamaba Chizuko Hamamoto y le habló sobre una vieja tradición japonesa que dice que si logras hacer mil figuras de grullas en papel (en origami), puedes pedir un deseo y los dioses te lo concederán. A Sadako le encantó la idea y comenzó a hacer las pequeñas grullas. Su deseo fue muy especial: pidió por la paz y la curación de todas las víctimas del mundo. Lamentablemente, murió el 25 de octubre de 1955. En el Parque de la paz, en Hiroshima, hay una estatua en honor a su valentía y generosidad.

Para más información:
http://www.youtube.com/
watch?v=7HaZeUQQzrw
http://www.youtube.com/
watch?v=fPlAzO0mGT4&feature=related

Sadako Sasaki

(January 7, 1943 – October 25, 1955)

Sadako Sasaki was a very happy and energetic girl who lived in Hiroshima, Japan. In August 6, 1945, when Sadako was two years old, the United States dropped the atomic bomb over this city, as part of the II World War.
Although Sadako survived, nine years later she got sick. She was diagnosed with leukemia, a severe illness that had affected many people there, caused by the bomb radiation.
One day, Chizuko Hamamoto, her best friend, visited her in the hospital and told her about a great idea: an old Japanese tradition that says that if you make 1,000 paper cranes (origami), then you can get any wish. Sadako loved it and she immediately began to make them. Her wish was very special: peace and health for all.
She died in October 25, 1955. In the Peace Memorial Park, in Hiroshima, there is a statue of her, to honor her braveness and generosity.

Learn more about Sadako Sasaki:
http://www.youtube.com/ watch?v=fPlAzOOmGT4&fea ture=related

Un traje típico es aquel que representa como se viste o se vestía en una determinada región, como símbolo de pertenencia.
An ethnic costume is one that represents the way people dress or dressed on a particular region, as the symbol of membership.

¡Busca en el mapa del mundo! / Search the world map!
Busca en el mapa mundial y encuentra los nombres de los países que mencionamos en este libro. Al final del libro, encontrarás un molde en blanco para que puedas dibujar más personajes, dibujarte o colocar tu foto.

Search in the world map and find the names of the countries that we mention in this book. At the end of the book, you'll find a blank pattern so you can add more characters, draw yourself or hang your photo.

¡Vamos a navegar!   **Let's navegate!**

http://www.padreshispanos.com/ninos-del-mundo/trajes-tpicos-del-mundo/
http://eltrajeyelmundo.wordpress.com
http://www.edgarno.com
http://www.trekearth.com
http://www.filmcostume.com
http://pitbox.wordpress.com/2011/03/19/leyenda-de-sadako-sasaki-y-las-mil-grullas-de-origami-mil-grullas-por-japon-una-leyenda-para-la-esperanza/
http://www.hiroshima-is.ac.jp/index.php?id=64
http://www.un.org/es/peace/
http://www.un.org/en/peace/
http://www.donquijote.org/culture/spain/society/holidays/the-three-kings_es.asp
http://www.boricua.com/LaIsla/three_kings.html
http://miclase.wordpress.com/

Lola nació en Sevilla, provincia de la comunidad autónoma de Andalucía, en España. Ella representa a la Vírgen María.

Baila Flamenco/ Dance Flamenco:
 http://www.youtube.com/watch?v=D_Fh4w6WJJ0

Villancico / Christmas Carol: Los Peces en el Río:
http://www.youtube.com/watch?v=OQMIJPZG_Qo&feature=fvwrel

Lola was born in Sevilla, a province an autonomous province of Andalucia in Spain. She represents the Virgin Mary.

Paz/Peace
español: Paz
Spanish

1.

Clemente nació en Yauco, Puerto Rico. Él representa a José y tiene una chiringa para Jesús.

Yauco:
http://www.youtube.com/watch?v=zQvucCfo71w&feature=related

El Villancico Yaucano: http://www.youtube.com/watch?v=Stdv7p3u5sU

Clemente was born in Yauco, Puerto Rico. He represents Joseph and he hasa kite for Jesus.

How to make a kite:
http://www.youtube.com/watch?v=Bf-J9l1C5jM

Paz/Peace
español: Paz
Spanish

2.

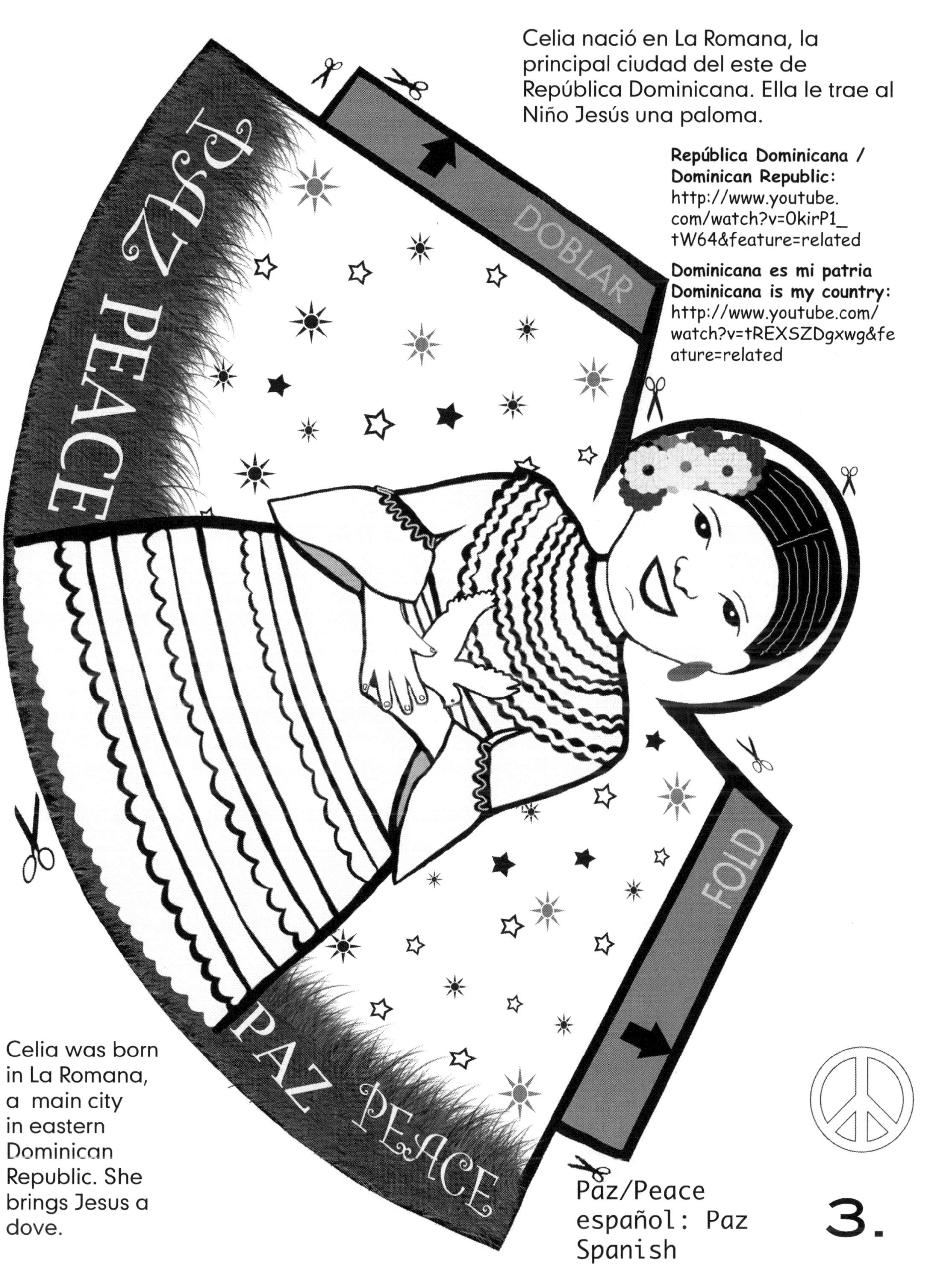

Celia nació en La Romana, la principal ciudad del este de República Dominicana. Ella le trae al Niño Jesús una paloma.

República Dominicana / Dominican Republic:
http://www.youtube.com/watch?v=0kirP1_tW64&feature=related

Dominicana es mi patria
Dominicana is my country:
http://www.youtube.com/watch?v=tREXSZDgxwg&feature=related

DOBLAR

FOLD

PAZ PEACE

Paz PEACE

PAZ PEACE

Celia was born in La Romana, a main city in eastern Dominican Republic. She brings Jesus a dove.

Paz/Peace
español: Paz
Spanish

3.

Claude nació en Marsella, Francia y representa al Rey Melchor. En la tradición este rey representa a los países europeos. Melchor le regala mirra a Jesús.

Navidad en Francia reciclando/ Christmas in France recycling:
http://www.youtube.com/watch?v=ceIMqhkD-tw

Claude was born in Marseille, France and represents the King Melchior. In the tradition this king represents the European countries. His present for Jesus is myrrh.

Paz/Peace
francés: Paix
French

4.

Baamran nació en Marruecos, África. Él representa al Rey Baltasar, procedente de África. Baltasar le regala oro al Niño Jesús.

Majida Al Roumi - Silent Night (English, Arabic & French)
http://www.youtube.com/watch?v=vwPnLMD0kOO

Baamran was born in Morocco, Africa. He represents King Balthasar, from Africa. Balthasar gave gold to baby Jesus.

Fatima Killeen - Moroccan Artist - www.fatimakilleen.com:
http//www.youtube.com/watch?v=LcPi4NiXP1g

Paz/Peace
arabe: Al-Salam
Arabic

5.

Taksin nació en Tailandia y representa al Rey Gaspar, procedente de Asia. Gaspar lleva incienso para regalar al Niño Jesús.

Teatro de títeres de Tailandia / Puppet Theater from Thailandia: http://www.youtube.com/watch?v=5JhvjHUZulM

Taksin was born in Thailand and represents the King Gaspar from Asia. Gaspar gives incense as a present for Jesus.

Paz/Peace
Thai: SANTIPAB

6.

Leilani nació en Maui, una apacible y tranquila isla de Hawaii. Ella le trae un regalo de su isla a la Sagrada Familia: una piña muy dulce.

Aprende a cultivar una piña: http://www.youtube.com/watch?v=do5ij7CL2RU&feature=related

Leilani was born in Maui, a peaceful and tranquil island of Hawaii. She brings from her island a sweet pineapple for the Holy Family.

Grow your own pineapple: http://www.youtube.com/watch?v=lOA90b8xsaY&feature=related

Paz/Peace
Hawaiian:MALUHIA

7.

Inuit: "Las comunidades Inuit se encuentran en el Ártico, en los Territorios Noroeste, Labrador y Quebec, en Canadá, sobre el nivel de la línea de árboles en Alaska (allí se les conoce como Inupiat y Yupik), y en Rusia (Yupik). En algunas áreas a los Inuit se les conoce como "Esquimales", pero muchos Inuit encuentran este término ofensivo. La palabra "Inuit" significa "la gente" en el idioma Inuktitut." (http://www. windows2universe.org/ earth/polar/inuit_ culture.html&lang=sp)

Inuit: The Inuit have lived in the Arctic for thousands of years. Some areas formerly occupied by the Inuit are no longer inhabited.
In some places people call them, "Esquimos" but many Inuit find this term offensive. The word "Inuit" means "the people" in the Inuktitut language.

Annakpok nació en Shishmaref, una ciudad ubicada en Alaska. Él le trae al Niño Jesús una artesanía inuit.

arte Inuit/ Inuit art:
http://www.youtube.com/watch?v=KqNdbkaYFFc

Christmas Tree Lighting, Petersburg, Alaskahttp:
http://www.youtube.com/watch?v=hjxjmBcft6I

DOBLAR

FOLD

PAZ
PEACE
PAZ
PAZ PEACE

Annakpok was born in Shishmaref, in Alaska. He brings an Inuit artcraft for Jesus.

Paz/Peace
Inuit: TUTKIUM

8.

piñata: Recipiente o figura de papel
lleno de dulces y regalos que está
colgando de un objeto alto. Allí
los niños intentan romperla con un
palo para disfrutar de los regalos y
dulces.

piñata: A decorated container
filled with candy and toys
suspended from a height, intended
to be broken by blindfolded
children with sticks.

Lupe nació en Ciudad Juárez, en el Estado de Chihuahua, en México. Ella le trae al Niño Jesús una piñata.

confecciona una piñata: http://www.youtube.com/watch?v=pvr0tWr3H4M&feature=related

Organiza una Posada mexicana: http://suite101.net/article/como-organizar-una-posada-mexicana-en-navidad-a61700

Lupe was born in Ciudad Juárez, Chihuahua, a state of Mexico. She brings a *piñata* for Jesus.

make a piñata: http://www.youtube.com/watch?v=tRo4A_MM9pg

Paz/Peace
español: Paz
Spanish

9.

PAZ
PAZ
PEACE
PAZ PEACE
DOBLAR
FOLD
Tendai nació en Zimbabwe, África y le regala a Jesús un tambor.

Confecciona un tambor: http://www.youtube.com/watch?v=VrTJmJMLOIOwatch?v=VrTJmJMLOIO

Tendai was born in Zimbabwe, Africa, and he gives Jesus a drum as a present.

Make a drum: http://www.youtube.com/watch?v=fq1pYZfvK_Y

Paz/Peace
Fanagolo: KUTULA
10.

Hopi: Los hopis pertenecen
al grupo de habitantes
de la meseta central de
Estados Unidos.Los hopi son
conocidos por sus técnicas de
siembra, sus impresionantes
ceremonias y su destreza
artesanal en la confección
de cestas, envases, joyas de
plata y tejido.

kachina: Un muñeco tallado
que representa un espíritu
particular. Se le regala a los
niños Hopi al nacer y luego
cuando cumplen años.

Hopi: A Pueblo people
occupying a number of
mesa-top pueblos on
reservation land in northeast
Arizona. The Hopi are
noted for their dry-farming
techniques, rich ceremonial
life, and craftsmanship
in basketry, pottery,
silverwork, and weaving.

Kachina: A carved doll in
the costume of a particular
spirit, usually presented as a
gift to a child.

Akush nació en Arizona, en Estados Unidos de América. Ella es una niña hopi y le trae al Niño Jesús una kachina.

http://kachina.us/

DOBLAR

FOLD

Akush was born in Arizona, in the United States of America. She is a Hopi girl and brings a kachina for Jesus.

http://kachina.us/

Paz- pacífico
Peace-Peaceful
Hopi: SHI-NU-MU

11.

Carlos nació en La Pampa, Argentina. Le trae al niño Jesús un acordeón.

Orquesta argentina de acordeones /Argentine orchestra of accordions: http://www.youtube.com/watch?v=qMOUyRrohdA

Tango de Navidad/ Tango's Christmas: http://www.youtube.com/watch?v=7oT8hcSMuiM&feature=related

Carlos was born in La Pampa, Argentina. He gives an accordion to Jesus.

Paz/Peace
español: Paz
spanish

12.

Sadako nació en Hiroshima, en la región de Chugoku, al oeste de Japón y le regala un abanico a Jesús.

confecciona un abanico de papel: http://www.youtube.com/watch?v=RSnmRvFv8cA&feature=related

Sadako was born in Hiroshima, in the Chugoku region in western Japan. She brings a fan for Jesus.

Make a paper fan: http://www.youtube.com/watch?v=MLTFmVgfkd8&feature=related

Paz/Peace
Japones: Heiwa
Japanese: Heiwa

13.

Ernesto nació en el Municipio de San Antonio, Aguas Calientes, en Guatemala.Le regala al Niño Jesús una artesanía tallada.

Conoce más sobre Guatemala: http://www.youtube.com/watch?v=Z3ZTV9gI6cU&feature=related

Villancicos del Maestro Guatemalteco Tomás Pascual (ca.1595-1635): http://www.youtube.com/watch?v=SjlSAv7iKzA

DOBLAR

FOLD

Paz

PAZ

PEACE

PAZ PEACE

Ernesto was born in the municipality of San Antonio, Aguas Calientes, Guatemala. He gives Jesus a carved craft.

Guatemala: http://www.youtube.com/watch?v=xptffCAKsIE&feature=related

Paz/Peace
español: Paz
Spanish

14.

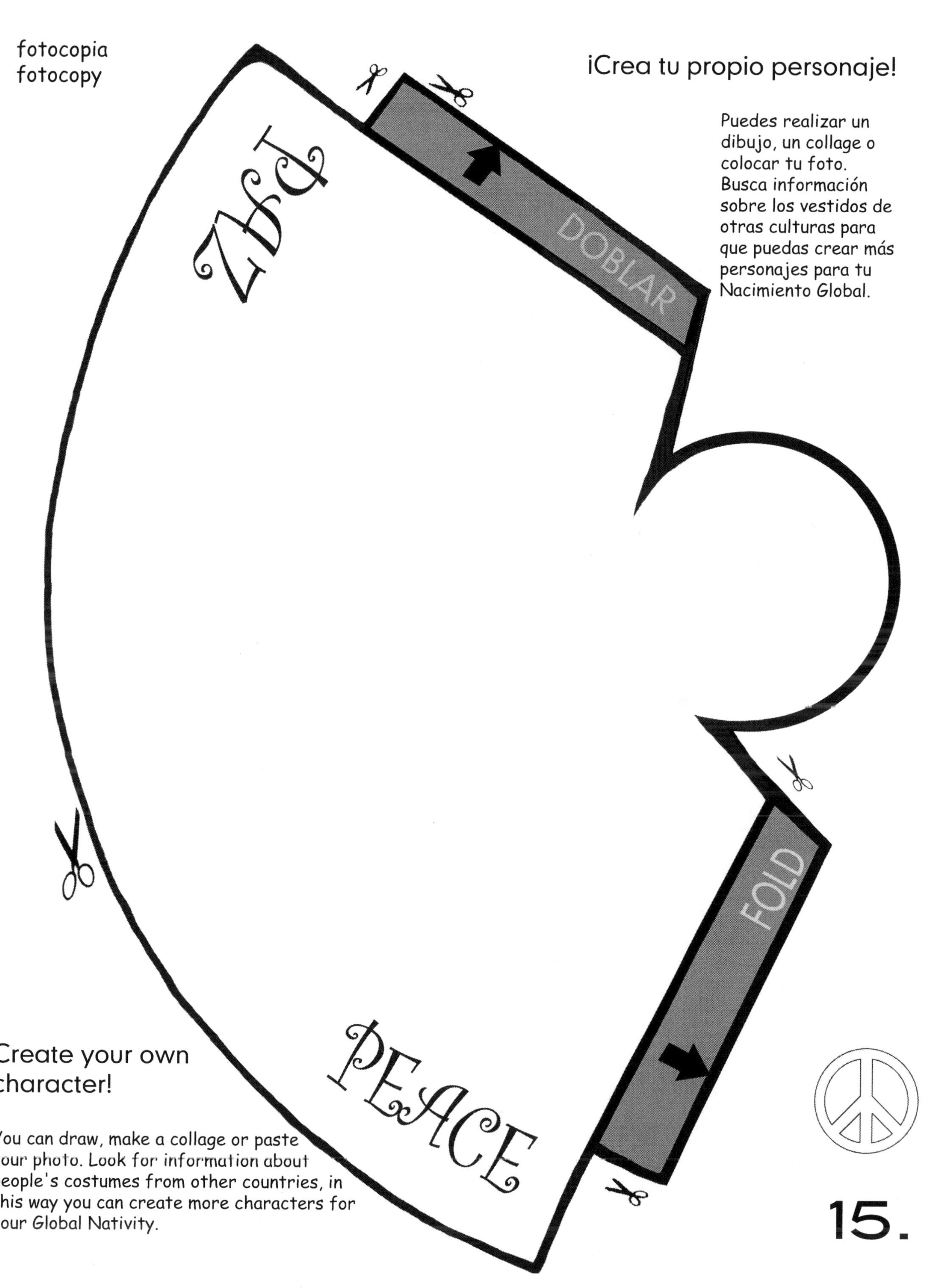

fotocopia
fotocopy
¡Crea tu propio personaje!
Puedes realizar un dibujo, un collage o colocar tu foto. Busca información sobre los vestidos de otras culturas para que puedas crear más personajes para tu Nacimiento Global.
PAZ
PEACE
DOBLAR
FOLD
Create your own character!
You can draw, make a collage or paste your photo. Look for information about people's costumes from other countries, in this way you can create more characters for your Global Nativity.
15.

16.

17.

Made in the USA
Monee, IL
07 July 2026

56552675R00024